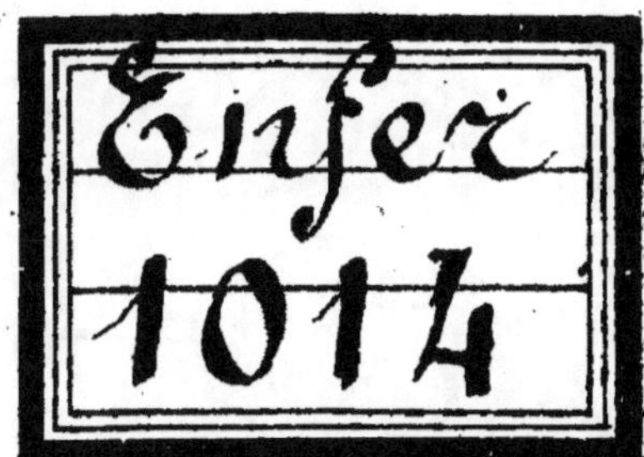

CHANSONNIER

DU BORDEL,

ou

VEILLÉES D'UN FOUTEUR.

Honneur! honneur à tout fouteur

CHANSONNIER

DU BORDEL,

OU

VEILLÉES D'UN FOUTEUR,

Ornées de 12 Gravures.

DÉDIÉ A LA FOLIE.

DEUXIÈME ÉDITION.

Se trouve chez Vénus, à Bagatelle,

IMPRIMERIE

DE MADAME ON FOUT, AU COQ CHATRÉ.

1833

INTRODUCTION.

Les chants que j'ai faits pour vous plaire,
Et qui vont vous être soumis,
Sont de nature assez légère.

Vous allez juger, mes amis,
Et m'excuser si l'on a su mieux faire.
Ils roulent sur les dieux, que tous nous adorons,
Les culs, les tétons de nos belles,
Les vits, les couilles et les cons,
Et les putains et les bordelles,
Et la grisette encore plus drôle qu'elles,
Si feu Piron, que j'ai bien imploré,

D'un tel ouvrage a béni l'arrivée.
Un sort heureux nous est donc réservé,
Nous avons la vogue assurée !

Fouteurs ! fouteuses réunies,
O vous qui des cons et des vits
Usez jusques à perdre haleine,
Tenez ces chansons près de vous
Et qu'elles aient pour but de vous mettre en veine !
Un couplet vous invite à foutre quelques coups !
Remerciez-moi de la peine.

1 *

CHANSONNIER

DU BORDEL,

ou

VEILLÉES D'UN FOUTEUR,

DÉDIÉ A LA FOLIE.

HYMNE AU CON.

Air : *Le vin par sa douce chaleur.* (Du Solitaire.)

CHOEURS DE FOUTEURS.

Le con par sa douce chaleur
Rend un vit chaud comme braise, (*bis*)
Plus on a baisé, plus on baise,
    Honneur ! honneur !
    A tout fouteur.

La Bible dit tout le contraire ;
Mais croyez bien en vérité

Que la pomme du premier père
Etait le con de sa moitié.

CHOEUR.

Le con par sa douce chaleur, etc.

Qu'en chair tonne la calotte,
Je m'en fous ! et toujours je dis :
Des culs, des tétons, une motte,
Sont mes dieux et mon paradis.

CHOEUR.

Le con par sa douce chaleur, etc.

A Rome, de vieux imbéciles,
Pour le Christ se faisait rôtir ;
Mais nous plus fins et plus habiles,
Des culs nous avons le martyr.

CHOEUR.

Le con par sa douce chaleur, etc.

D'ailleurs, je respecte ma mère
Autant qu'un aimable tendres

D'un con je suis sorti, j'espère,
Et j'irai mourir dans un con!

CHŒUR.

Le con par sa douce chaleur,
Rend un vit chaud comme braise, (*bis*)
Honneur! honneur!
A tout fouteur.

H...

TABLEAU D'UN JOUR DE NOCES.

—

Air : *Oui je l'avouerai sans détour.*
(Gastronome sans argent)

Vrai, je vous le dis sans détour,
J'aime ce jour
De foutrie et d'amour,
Où chacun heureux,
Joyeux,
Boit, mange, rit et fout à qui mieux mieux.

Dès le matin chacun s'apprête ;
Lavé, frisé du cul jusqu'à la tête,
La mariée surtout a le soin
De s'nétoyer jusqu'au plus petit coin.
L'heure sonne, on part
La plupart,
Blaguant,
Bandant,

Et souvent,
Déchargeant ;
Car des minois frais et jolis
Sont tout exprès pour allumer des vits.

On unit les deux
Amoureux,
Puis un sermon
Répété bel et bon,
Est adressé par le curé,
Qui s'creve de rire quand il l'a digéré.
A table
On se met,
Puis on fait
D'un air aimable
De mauvais calembourgs,
Et toujours
Le garçon d'honneur
Donne
A la bonne
Un cadeau de fouteur.

On danse,
On s'panse,

On boit, on rit,
Chacun divague
Et blague
Femme et mari.
Puis des cancans
Bien innocens
En dessous main partent
De temps en temps.

Minuit sonne,
Et la bonne
Maman,
D'un signe de tête,
Pour n'pas troubler la fête,
Apprend alors à son enfant
Qu'ell' peut aller
S'faire piner
A présent.

Elle embrasse amis et voisins,
Ses grands parens, surtout son p'tit cousin
Le papa la bénit
Et rit,
Et la maman
Lui dit tout doucement :

« Rose, pars maintenant, ton mari est un peu dans la vigne du seigneur et il ne s'apercevra pas. — Mais ma mère! — Allons, ma fille, c'est pour votre bonheur, ne faites pas l'enfant..... j'ai passé par là et je n'en suis pas morte. — Et s'il allait s'apercevoir que c'est déjà écorné. — Serre les cuisses, et surtout n'oublie pas ta vessie de poulet que tu crèveras sur ta chemise en poussant un cri. — Mais enfin, ma mère! — Allons, Madame, il ne fallait pas vous laisser enfoncer par votre cousin. D'ailleurs, il m'en était arrivé autant et votre respectable père n'y a vu que du feu. (*On crie.*). — La voiture de madame la mariée. — Adieu, mes enfans; ménagez-la, mon cher gendre! »

> Ah! je l'avouerai sans détour,
> J'aime ce jour
> De foutrie et d'amour,
> Où chacun content et joyeux
> Boit, mange, rit et font à qui mieux mieux

A. de C.

VITE UN COUP DE POIGNET.

CHANSON MORALE.

Air : *Heureux habitans des beaux vallons, etc.*

Vite un coup d'poignet,
C'est la devise de Nanette,
Vite un coup d'poignet,
Un coup d'poignet
C'est sitôt fait ;
Et quoi qu'on ait dit
Qu'branler un vit
N'soit pas défaite,
Moi, j'soutiens Jann'ton
Qu'aujourd'hui c'est l'suprême bon ton.

On nous jette des sorts,
Les vits sont morts,
Faut qu'on s'abîme,

Pour d'la frime, hélas !
Hélas !
Les hommes s'y connaissent et n'rendent pas;
D'ailleurs voyez-vous
Quand on a fini son affaire,
Ma chère,
Entre nous,
On n'a pas volé ses trente sous.

Vite un coup d'poignet,
C'est la devise de Nanette,
Vite un coup d'poignet,
Un coup de poignet
C'est sitôt fait;
Et quoi qu'on ait dit
Qu'branler un vit
N'soit pas d'défaite,
Moi, j'soutiens, Jann'ton,
Qu'aujourd'hui c'est l'suprême bon ton.

Un homme abruti,
C'est fini,
N'peut sentir grand chose;
Pour l'ravigotter,
L'fouetter,

C'a commence à m'embêter ;
D'ailleurs un vieux cu ,
Vois-tu ,
C'est qu'ça n'sent pas la rose ,
Aussi maintenant ,
Moi, je répète à tout venant :
Vite un coup d'poignet ,
C'est la devise de Nanette ,
Vite un coup d'poignet
Un coup d'poignet
C'est sitôt fait.

LES BAMBOCHEURS.

(Imitation libre de la Parisienne.)

—

Air *de la Parisienne.*

Vous ennemis du trou qui vesse,
Vénus a r'ouvert ses boxons ;
On nous disait : foutez en fesses !
Nous avons dit : foutons en con ;
Rassemblons les gouines éparses,
Vivent les gueuses et les farces,
En avant, courtons !
Défonçons les cons !
A grands coups du culs, de pine, de tétons,
Faisons cramper les garces.   (*bis.*)

Les salopes courent les rues,
Et de leur vagin éraillé,
Avec le pus de leurs menstrues

5

Découline le sang caillé,
Léchons-en les gouttes éparses.
Vivent les gueuses et les farces.

En avant, courtons! etc.

Vieux limiers du trou que j'honore,
Feu Piron, toi qui l'a chanté;
Le foutre jaillirait encore,
De tes couillons ressuscité,
Rassemblant tes œuvres éparses,
Tu t'écrirais : vive les farces!

En avant, courtons! etc.

La vérole en vain nous dévore,
Elle échauffe nos vits bandans,
Sous les cons, voyez foutre encore
Ces vieux vérolés de vingt ans.
Rassemblons les gouines éparses.
Vivent les gueuses et les farces!

En avant, courtons! etc.

Qui toujours nous sera propice?
Qui conduit nos vits au bon trou?
C'est le dieu de la chaudepisse,

C'est le vieux Priape aux poils roux.
Rassemblons les gouines éparses,
Vivent les gueuses et les farces !

En avant, courtons ! etc.

Marlous ! sur le flanc de vos rosses,
Vous qui crevez comme des chiens,
Puisqu'aux enfers on fait des noces,
Crevez donc vite et crevez bien.
Rassemblez vos forces éparses,
Mourez en racontant vos farces,
      Et que de Pluton,
      La noire gothon
Vous suce la pine et vous branle, un rous-
      ton ;
Martyrs du cul des garces !

LA NUIT DES NOCES.

—

Air : *Vive la Lithographie.*

Maman, faut que j'vous raconte
Comm' mon mari s'est conduit,
Il m'a fait mourir de honte
Pendant la moitié de la nuit :
En s'mettant au lit l'brutal
Saute sur moi comme sur un ch'val,
Il me dit en m'étouffant
Qu'il va me faire un enfant.

Maman, jugez d'la bêtise
De ce bougre d'polisson ?
Qui me r'lève ma chemise,
Et m'prend le cul sans façon,
Puis il m'empoigne les tétons,
Et veut me mordre les boutons,
Là dessus j'lui fous un soufflet

Qui l'étend sur le chevet.
Pour mettre fin à ses caresses,
Je m'dépêche de tourner l'dos,
Mais j'sens qui me frotte sur les fesses
Quelque chose d'assez gros ;
Sur cet insolent paquet
Je lâche un vigoureux pet,
Mon mari tout étonné,
D'abord se bouche le nez,
Mais le malin dans sa rage
Ne se tient pas pour battu,
Il dit qu'il faut qu'mon pucelage
Par Dieu d'amour soit vaincu.
Il m'allonge près du croupion
Une espèce d'cornichon,
Et m'dit en m'crevant l'anus
Qu'il agit au nom de Vénus ;
Moi, sans fard, sans enveloppe,
J'lui dis bougre de couillon,
Ta Vénus est une saloppe,
Ton Dieu d'amour un cochon.
S'voyant traiter de la sorte,
Loin d's'apaiser il s'emporte,
Et veut me fourrer son outil

Dans un trou qu'j'ai sous le nombri
Mais finis donc imbécile,
Sacré nom de dieu d'gredin,
Si tu ne me laisses pas tranquille,
J'vas pisser sur ton machin.
Loin d'm'écouter il s'trémousse,
Au lieu d'reculer il pousse;
J'ai beau gueuler et souffrir,
Il soutient qu'ça fait plaisir.
Mais, c'machin s'change en lavetto,
Grâce au pouvoir d'la vertu,
Et j'm'en tire quitte et nette
Avec un peu d'colle au cu

S*...

ÉNIGME.

—

Mon entier,
C'est chose étonnante,
De plaisir nous rend mon premier,
Quand l'occasion se présente,
Ne passons jamais mon dernier.

—

4*

LE PARADIS.

—

Air : *On dit que je suis sans malice.*

Je suis damné la chose est sûre,
Je pine, je bois, je censure,
Et l'âme va tout de travers
Quand on sait aligner deux vers :
Ainsi la mienne est en ôtage,
Et n'a que l'enfer pour partage,
Mais je crains trop ces lieux maudits,
Et je me crée un paradis.

Je n'irai pas, pêcheur immonde,
L'attendre, hélas ! dans l'autre monde,
Non, sans sortir de mon quartier,
Je veux le trouver tout entier !
C'est là, dans un fameux bordelle,
Près d'une franche maquerelle,

Le Paradis.

Je pine, je bois je Censure
Et l'ame . . . .

De marlous, de ses rouchies,
Que je trouve mon paradis.

Juifs et Persans, Maure ou Tartare,
Tous entreront, je le déclare :
Pour peu qu'ils aient bien la vertu
De foutre en con ! de foutre en cul !
Et tous les amateurs d'orgie,
Les farceurs à face rougie,
Enculons, soulards et bandits,
Vont de droit dans mon paradis.

Je veux encore qu'une maxée
Près d'un saint Pierre soit placée,
Que chacun vienne se ranger
Près d'la Margot de Béranger :
Qu'on pine, qu'on boive, qu'on jure,
Que les cons, les vits, tout supure
Et que les gens les plus maudits
Soient les élus du paradis.

Sur des culs on dira la messe,
On répondra sur une fesse,
Et les enfans de cœur bandant

Diront *Amen* en déchargeant !
Vieux, usés, s'il faut de la vie,
Faire la dernière folie,
Sachons tous crever, mes amis,
Dignes en tout du paradis.

CHANSON DE NOCE,

Qui se chante *in peto*, en chœur de farceurs quand
Monsieur emmène Madame pour recevoir le bap-
tême conjug

Air : *Amis la matinée est belle.*

Amis, la mariée est belle,
Sa cuisse est ferme et son poil doux,
On dit même qu'elle est pucelle,
Pour un fouteur, ça vaut neuf coups,
 Si de baiser elle refuse,
 Mari, prends plus bas,
Le trou du cul ne t'échappera pas.

LA CHAMBRE DES DÉPUTÉS,

OU LE RÊVEUR FOUTROMANE.

AIR : *Boujour Mademoiselle.*

Tic, toc,
Choquons nos verres,
Tic, toc,
La pine en main.

Je suis un franc prédicateur,
Des joyeux enfans de Priape,
Et je doute que l'on me happe
A mépriser un vrai fouteur.

Tic, toc,
Choquons nos verres,
Tic, toc,
La pine en main.

Dans mes principes de vertu,
Je crois dans ma philosophie
Qu'on doit ainsi passer sa vie,
Le verre en main, la pine au cu.

Tic, toc,
Choquons nos verres,
Tic, toc,
La pine en main?

Messieurs, Messieurs les députés,
Depuis janvier, jusqu'en décembre,
Quel mal prenez-vous à la chambre,
Vous ferez mieux si vous foutez.

Tic, toc,
Choquons nos verres,
Tic, toc,
La pine en main.

Au lieu de s'étendre, je crois,
Sur la liberté, la nature,
Vous feriez bien mieux, je jure,
De vous branler tous à la fois.

Tic, toc,

Choquons nos verres,
Tic, toc,
La pine en main.

Grand Dieu ! quel spectacle charmant,
La tribune diplomatique
Devient une arène publique
Où l'on discute en se branlant.

Tic, toc,
Choquons nos verres,
Tic, toc,
La pine en main.

Et puis par la même raison,
Changeant de termes, d'épigraphes,
Maint journaliste-sténographe
N'emploie plus que le mot con *,

Tic, toc,
Choquons nos verres,
Tic, toc,
La pine en main.

* Allusion au mot conséquent.

Le public se sentant bander,
Pour ne pas rester en arrière
Se met à tourner le derrière,
Et l'un par l'autre à s'enculer,

Tic, toc,
Choquons nos verres,
Tic, toc,
La pine en main.

Bref, dans cette confusion,
Président, questeurs, secrétaires,
Bourgeois, grands seigneurs, militaires,
Se branlent en l'honneur du con,

Tic, toc,
Choquons nos verres,
Tic, toc,
La pine en main.

C'est un rêve, mais sacredieu,
Messieurs, Messieurs des côtés ou du centre
Au lieu de vous bourrer le ventre,

Baisez, vous ferez beaucoup mieux.

Tic, toc,
Choquons nos verres,
Tic, toc,
La pine en main.

Le Gladiateur

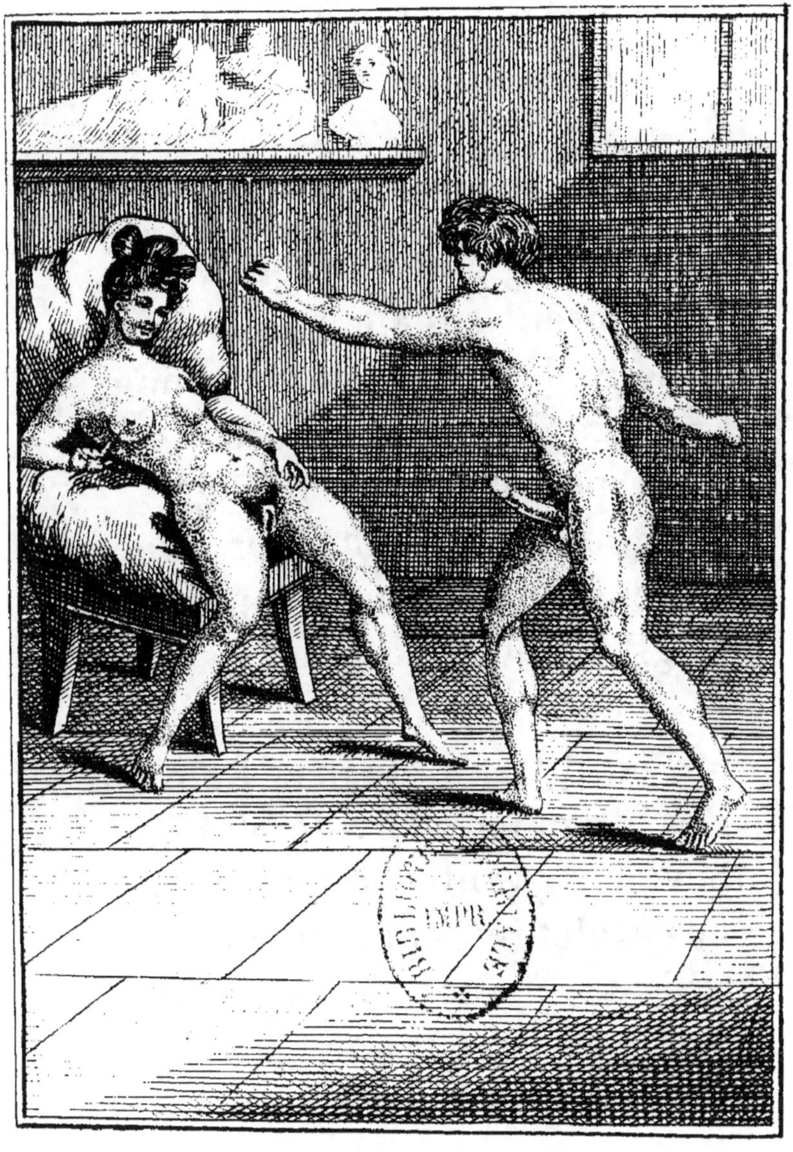

.... les nerfs tendus
L'œil animé, la pine dure

LE GLADIATEUR.

Air du Verre.

On a donné plus d'un beau nom
Aux Hercules, dans leur posture,
Chacun d'eux trouva son renom
Exprimé d'après la nature.
Ainsi, puisque l'on veut juger
Les gens selon et par leur mine,
Je pense qu'on doit m'appeler :
Le gladiateur à la pine.

Si l'on dit vrai, de fiers Romains,
Des gladiateurs invincibles
Savaient éventrer d'une main
Les athlètes les plus terribles.
Mais ce sont des objets plus doux
Que Vénus veut que j'extermine,

Et l'on m'appelle par mes coups :
Le gladiateur à la pine.

Me voyez-vous les nerfs tendus ,
L'œil animé, la verge dure
M'lancer au milieu des culs
Pour voir triompher la nature ;
Dans tous les culs, dans chaque con
J'entre, je sors et je termine
D'acquérir le superbe nom :
Du gladiateur à la pine.

JULES N.

LA BONNE AUBAINE.

—

Air : *Un gentil troubadour, etc.*

Un gentil fantassin,
Qui fit pauvre campagne,
S'en revenait d'Espagne
Pensant à sa catin,
Gages d'une valeur,
Et calme et peu farouche,
Sa blague et sa cartouche
Se croisaient sur son cœur.

Il rencontre en chemin
Gaillarde vivandière,
Qui voyage bien fière,
Un bidon à la main ;
Elle filait à pied,
Par un'chaleur indigne,

6

Au cinquième de ligne
Rejoindre son troupier !

Ne me r'connais-tu pas,
Lui dit le militaire.
— Toi, dit la vivandière,
Tu veux m'pincer un r'pas.
— Tais-toi, lui dit l'Français,
Où j'vas, si tu radotes,
T'allonger des calottes.
— Ah ! je te reconnais.

Un repas où le vin
Soula nos deux canailles,
Devint des fiançailles
Le splendide festin ;
Puis notre champion
Emmène la donzelle
Dans le prochain bordelle,
Consommer l'union.

—

LE CUL ET LA LUNE.

—

Air : *L'astre des nuits.*

Oui, ma Zoé, la lune dans son plein,
De ton beau cul est le parfait modèle ;
La lune est blanche, et ton cul de satin
Est aussi blanc, tout aussi joufflu qu'elle ;
Mais si de la lune ton cul
Avait la hauteur importune,
Je serais un homme perdu,
Car tous les jours je prends ton cul,
Et je ne puis prendre la lune.

LA MALADIE DES DIEUX.

Air : *Allez prendre les eaux d'Enghien.*

La vérole affreuse et cruelle
Se déclare au divin séjour;
C 'est Hébé qu'on croit sage et belle,
Qu i l'apporte à la noble cour,
D'u ne chaude-pisse cordée
Jupi ter ressent les attraits,
Et Di ane s'est décidée
Au ro b du docteur Saint-Gervais.

C'est un enfer tant de vacarmes,
Provenant de leurs douleurs,
Au lieu de ris ce sont des larmes,
Maître Apollon a des choux-fleurs ;
D'une superbe gonorrhée,
Junon aussi se plaint *ad hoc*,

Mars souffre d'une blennhorrée,
Momus a des crêtes de coq.

Minerve même est allitée,
Et l'ooguent gris en friction
De son affaire, hélas gâtée !
Fait déguerpir les morpions ;
Le rob anti-siphilitique,
Est le nectar journalier,
Momus aussi devient étique,
Esculape est chez Cullerier.

Pluton se damne, et souffre, et jure,
Son gland est gros comme mon poing,
Et la maladie chez Mercure,
Est arrivée au premier point ;
Comus passe à la casserole,
Vulcain a les os gangrénés,
Zéphire supure quand il vole,
Et Pomone a des boutons au nez.

Le fils de Dieu, le grand Hercule,
Souffre d'un vigoureux poulain,

Quand Flore approche, l'on recule,
A l'odeur que rend son vagin ;
L'amour se plombe et se chagrine,
Vénus a des chancres aux seins,
Et Neptune a la cristalline,
Tout l'Olympe est aux Capucins.

CHARADE.

L'Église me proscrit, et le mortel m'adore,
Tous mes liens de fleurs se brisent quand je veux.
On retrouve chez moi tout ce qu'un homme honore
Et ce qu'aiment surtout un bon nombre d'entr'eu x;
Ces deux sujets divins qui charment l'existence
Ne font pas tout mon nom, j'y joins un m   ια
   Br.f, pour arriver à la fin,
Ce qu'à l'agriculteur ordonne la science
    Qu'il doit observer de si près,
    Et puis ce que surtout en Fran
    Une femme ne dit jamais.

LES CHERS AMOURS.

—

AIR : *Dormez mes chers amours.*

Jouissez, mes chers amours,
Pour vous je banderai toujours.

Vos yeux se ferment doucement,
Je vais piner plus lentement,
Heureuse d'un tel mouvement,
Puissiez-vous donc être excitée
A piner toute la journée.

Jouissez, mes chers amours,
Pour vous je banderai toujours.

La pine au cul resterez,
Tant que vous le désirerez,
Et tandis que vous jouirez,
Dans ce vin qu'un fouteur adore,
Je trouverai du foutre encore.

Mon braquemart dur et luisant
entre et ressort à chaque instant.

Jouissez, mes chers amours,
Pour vous je banderai toujours.

Mon braquemart dur et luisant,
Rentre et ressort à chaque instant ;
Et quand vous allez déchargeant,
Votre paupière humide roule,
Et je vois le foutre qui coule.

Jouissez, mes chers amours,
Pour vous je banderai toujours.

CONTE EN VERS BLANCS.

—

Un jour à travers une grille,
J'aperçus dans un coin,
La fille à Thomas ;
La drôlesse se faisait foutre
Par un bougre appelé...... Cristoffe,
J'étais ravi dans moi-même
D'une passion bien vive ;
Mais par aventure
Une voiture qui vient,
Cela fit du bruit ;
Et la vieille portière
Se mit à crier :
Au viol !
Voilà le papa de la jeune beauté
En culotte de peau qui veut tout savoir,
Qui fout d'abord,
Oui,
A Mademoiselle sa fille,

Un coup d'pied par l'nez,
Un coup d'main par l'cul,
    En lui disant, mon cœur,
    Rentrez chez vous
    Foutue saloppe !

LE VIEUX RENTIER.

—

AIR : *Dis-moi, mon vieux, dis-moi, etc.*

Te souviens-tu, disait à sa servante,
Uu vieux rentier jadis grand libertin ,
Comme autrefois ma mine était piqua nte,
Mon jarret ferme et mon regard malin ,
De la beauté séducteur intrépide,
Je courtisais le maigre et le dodu,
Et sur l'article, oh ! que j'étais solide ,
Dis-moi Marton, dis-moi t'en souviens-tu.

Alors aussi ta mine était drolette,
Tes tétons fermes et ton teint satiné ,
Son cul surtout en forme roudelette,
Par les amours paraissait dessiné,
Plus d'une fois ma main dessous ta cotte
Tandis que l'autre écartait ton fichu ,

Je caressais, je brandouillais ta motte,
Dis-moi, Marton, dis-moi t'en souviens-tu.

Branlant alors, d'une ardeur libertine
Partout j'aimais à te prouver mes feux,
Et le grenier, la cave, la cuisine,
Furent les témoins de nos ébats joyeux;
Comme fouteuse et bonne cuisinière,
Tu savais bien, sans en perdre un fétu,
Tourner la sauce et tourner le derrière;
Dis-moi, Marton, dis-moi t'en souviens-tu.

Soit sur le dos, soit à la paresseuse,
Je t'enfilais le matin et le soir,
Sur mes genoux, de ma flamme amoureuse
En tricottant tu sentais l'arrosoir,
Quand devant moi tu levais la croupière
Pour enfiler un beau pigeon pattu,
Au même instant je t'enfilais, ma chère,
Dis-moi, Marton, dis-moi t'en souviens-tu.

Quand tu venais de frotter ma chambrette,
Moi, je frottais tous tes appas secrets;
Savonnais-tu ta fine collerette,
Pour t'imiter, moi, je te repassais.

Quand tu venais d'épouster ma culotte,
Tu te sentais trousser à l'impromptu,
Pour mieux pouvoir te caresser la motte,
Dis-moi, Marton, dis-moi t'en souviens-tu.

Ce temps heureux, plaisir que l'on adore,
Vous avez fui : je ne peux plus baiser
En vain ta main veut m'enflammer encore,
Mon pauvre enfant il faut y renoncer,
De rajeunir vainement on se flatte,
Et malgré tout l'élixir que j'ai bu,
Lorsque je veux t'enfiler, je te ratte;
Hélas! Marton, pourquoi t'en souviens-tu.

J. des enfans de Priape.

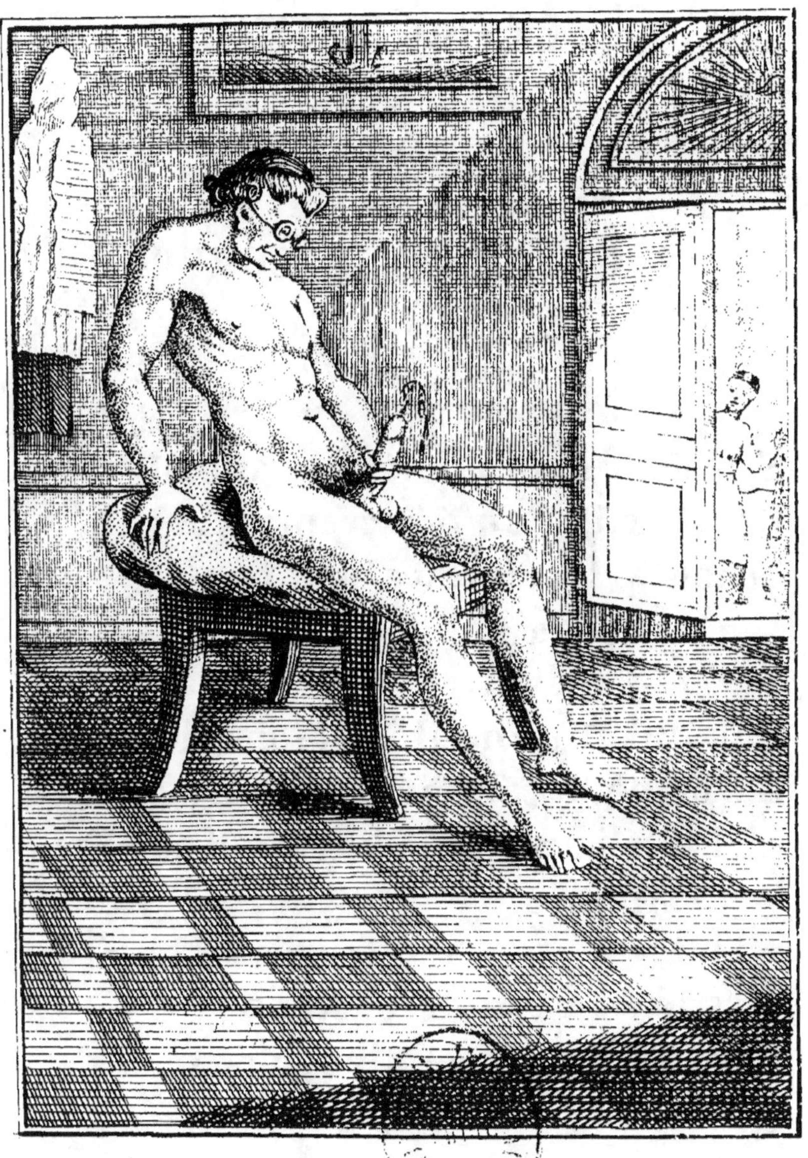

Mais voila que de son morceau
Il fait sortire un petit jet d'eau

LA SACRISTIE

OU

L'ENFANT DE COEUR.

(Air : *Alleluia.*

Monsieur l'curé l'on vous attend,
On a sorti l'Saint-Sacrement,
Et toutes les dévotes sont là,
    Alleluia.

Mais qu'est-ce qu'il fait Monsieur le curé,
Il s'demène comme un enragé,
Ah ! quelle grosse bibite qu'il tient là,
    Alleluia.

Il est rouge comm' l'démon,
Il parle de cul, de pine, de con,
Qu'est-ce que c'est que c'latin là,
    Alleluia.

Il dit qu'il suit l'vœu du désir,
Que voilà le moment du plaisir,
Il faudra que j'me s'coue comme ça ,
    Alleluia.

On va sortir de saint lieu ,
Pour célébrer la Fête de Dieu ,
Est-ce qu'il ira dans c'costume là ,
    Alleluia.
Il dit que les anges maudits
Sont plus heureux qu'en paradis ,
Parc'qu'eu enfer on pinera,
    Alleluia.

Qu'il va renvoyer son sonneur,
Et que comme maint prédicateur,
C'est un con qui le servira !
    Alleluia.

Qui ira du soir au matin,
Foutre en con et sabler du vin ,
Et r'merciera celle qui l'damnera ,
    Alleluia.

Ah ! grands dieux! v'là que d'son morceau
Il fait sortir un p'tit jet d'eau,

Et qu'il s'pâme après cela !
    Alléluia.

C'est tout d'même drôle en vérité,
Et ce soir étant alité
J'remurai ma bibite comme ça,
    Alléluia.

Monsieur l'curé l'on vous attend,
On a sorti l'Saint-Sacrement,
Et toutes les d'votes sont là,
    Alléluia.

                L....

ÉNIGME.

—

Le matelot, quand Neptune tranquille,
Retient les dangers, rend la vagne docile,
Seplaît à s'endormir bercé sur monpremier
Quand je cache le nom de celle que j'adore
Vous avez mon dernier,
Heureux cent fois si vous pouvez encore,
Ami, lecteur, visiter mon entier !

—

LE VOYAGEUR COSMOPOLITE.

—

Air : *Vite en route, coûte qui coûte.*

Oui, c'en est fait mes chers amis,
Pour toujours je quitte Paris,
Les vits sont courts, et tous molasses,
  Plus de couilles grasses,
  Ah je rendrais grâces
  A qui m'aura dit
  Le peuple du gros vit.

      Vite en route,
      Coûte qui coûte,
      Vite en route
      Pour ce pays.

Où l'on foutra sans s'étonner.
Dix bons coups sans déconner,
Où l'homme loin de perdre haleine.
  Sans être à la gêne,

Toute la semaine
Boirait et riait,
Mangerait et foutrait,

    Vite en route,
    Coûte qui coûte,
    Vite en route
    Pour ce pays.

Indiquez-moi donc ce pays,
Où les hommes ont de gros vits,
Les couilles de grosseur extrême,
    Les fesses de même,
    Voilà ce que j'aime,
    En foutant en con,
    En cul, fesse et téton,

    Vite en route,
    Coûte qui coûte,
    Vite en route
    Pour ce pays.

Si pour prix de tous nos péchés
Aux enfers nous sommes envoyés,

Moi, je me fais foutre en derrière ,
    Par le chien Cerbère ,
    Puis encore j'espère ,
    Avec son aviron ,
    M'faire branler par Caron.

        Vite en route ,
        Coûte qui coûte ,
        Vite en route
        Pour ce pays.

Ainsi quel que soit le pays ,
Ciel , terre , enfer ou paradis ,
Pourvu qu'on foute , que l'on pine ,
    Que l'on s'extermine ,
    Chacun le devine ,
    Le plus grand plaisir
    C'est de pouvoir jouir.

        Vite en route ,
        Coûte qui coûte ,
        Vite en route
        Pour ce pays.

L'ENFANT DE PRIAPE.

—

AIR : *Des Comédiens*.

Lève les yeux, regarde moi, ma chère,
Viens de ma pine admirer la couleur,
Je suis bien long, mais enfin je l'espère
Je ne suis pas encore à faire peur.
J'ai le vit dur et le poil un peu rude,
La chair brûlante, et les couillons très-frais,
Foutre beaucoup voilà mon habitude,
Et suis boudit à quelque chose près.

Je ne veux pas qu'une femme me mène,
Aussi morbleu lorsque sur ses appas,
Sur son corps blanc ma pine se promène,
Le foutre suit la trace de ses pas,
Soit en tétons, soit en cul, en aisselle,
Je fous toujours, heureux lorsque je puis

Trouver encore une route nouvelle
Où les amans n'ont jamais été pris.

Bref, je le dis dans ma philosophie,
Je passe, amis, et la nuit et le jour,
A réparer de ma fouteuse vie
Les durs échecs que lui porte l'amour.
Lève les yeux, regarde-moi ma chère,
Viens de ma pine admirer la couleur,
Je suis bien long, mais enfin je l'espère,
Je ne suis pas encore à faire peur.

CHANSON DE BORDEL.

Qui se chante *crescendo*, par un Chœur de Fouteurs, à la suite d'une *chicorée*, quand le *marlou* a baisé sa *rouchie*.

—

Air : *Amis la matinée est belle.*

Alose, la rouchie est molle,
Son con est large et son cul mou,
Même on dit qu'elle a la vérole,
Vite en avant pine marlou,
Aimes-tu mieux la cristaline,
Marlou ! prends plus bas,
Alors le plomb ne t'échappera pas.

LA VRAIE CATIN.

Air : *Vivandière du régimont.*

Vraie saloppe du régiment,
C'est Catin qu'on me nomme,
Je bois, je suce, et donn'gaîment
Le foutre et le rogome,
J'ai l'cul bien ferme et p'tit vagin,
    Tin, tin,
J'ai l'cul bien ferme et p'tit vagin,
    Je suis une vrai' catin.

La Catin de monsieur Béranger,
N'est qu'une sainte n'y touche,
Ça n'a jamais fait dégorger
De pine dans sa bouche;
Un verre d'eau-de-vie m'rince l'garguin,
    Tin, tin,

Un verre d'eau-de-vie m'rince l'garguin,
   Je suis une vrai' catin.

Elle se vante d'avoir pu branler
Un sacristain tout blême,
Moi, je me suis fait enculer
Par le Saint-Pèr' lui-même ;
Quell' pine il avait, quel angin !
     Tin, tin,
Mais il a béni mon vagin,
   Je suis une vrai' catin.

A Pantin dont elle parle tant,
Comme elle j'fus humaine,
Et l'élite de chaque régiment,
M'passa sur la bedaine,
Cavalier ou bien fantassin,
     Tin, tin,
Me trouvaient gratis sur l'chemin ;
   Je suis une vrai' catin.

La Russie où furent s'enfoncer
Les soutiens d'la patrie,
Plus qu'elle je sus réchauffer
Notre armée engourdie ;

A grands coups de cul, à grands coups de
  main,
         Tin, tin,
Moi, je dégélais chaque engin,
  Je suis une vrai' catin.

Si l'ennemi doit recevoir encore
Une pile de la France,
Mon cul qui fait mon seul trésor,
Je le donne d'avance,
En offrande à tout libertin,
         Tin, tin,
Qui r'viendra la victoire en main,
  Je suis une vrai' catin.
                    A. *du Caveau moderne.*

LE BON ROI D'AGOBERT.

—

Air connu.

Le bon roi d'Agobert
Faisait tout, hélas ! à l'envers,
Le grand St-Eloi
Lui disait mon roi,
Votre majesté
S'est encore trompée,
Eh bien lui dit le roi,
Quand je me trompe r'tourne-moi.

Le grand roi d'Agobert,
Venait d'chier à l'envers,
Le grand saint Eloi
Lui dit ô mon roi,
L'étron d'votr' majesté
A l'envers est tombé,

Eh bien lui dit le roi !
Que ton nez le r'mette à l'endroit,

Le grand roi d'Agobert,
Enfilait sa femme à l'envers,
Le grand sait Eloi
Lui dit ô moi roi !
Votre majesté,
Vient de l'enculer,
C'est vrai, lui dit le roi,
Je vais lui remettre à l'endroit.

Puis, le roi d'Agobert,
Au lieu de le mettre à l'envers,
Vers le long du mur;
Il pousse son vit dur.
Dit à saint Eloi,
Qu'en dis-tu, je vois,
Que vous l'avez, grand roi,
Mis cette fois bien à l'endroit.

C....

LA BOUGIE DE NOEL.

A Pise, ville d'Italie,
Habitait un certain Joseph d'Alcantaris,
Jaloux de sa moitié jusqu'à la frénésie,
Le fait n'est étonnant, italiens maris
Sont sujets comme on sait à visions cornues
Celui-ci, galant autrefois,
Savait sur le bout de ses doigts,
Les rubriques d'amour, même les moins
cornues,
Pour mettre donc en sûreté,
Son honneur ou plutôt celui de son épouse,
Ceintures de virginité
Vinrent s'offrir à son âme jalouse;
Mais c'était peu pour lui, les plus forts
cadenas,
Pour garder ce trésor font en vain résis-
tance,

Le drôle le savait, et par expérience :
Voici donc ce qu'il fit pour éviter le cas,
Il joignit à cette ceinture,
Vers l'endroit dangereux, deux lames de
  rasoir,
Deux ressorts les faisaient mouvoir,
Qui, dès qu'on les lâchait, refermaient
  l'ouverture.

La femme à peine eut reçu ce présent.
Qu'un billet de sa part en avertit l'amant.
L'amant arrive ; il court dans les bras de
  sa belle ;
Par des baisers on prélude un mo
Mais las de ces faveurs qui croisse
  tourment,
Il en cherche une plus réelle,
Il découvre à son gré la porte des plaisi
Et l'obstacle ne fait qu'irriter ses désirs.
Le serpent, qui tenta notre divine mère,
Se réveille d'abord à ces objets charmans
Et leur fait inventer dans ces heureux mo-
  mens
Les moyens de se satisfaire,

Des deux ressorts, la belle tenait un,
L'amant retenait l'autre et dans cette
aventure,
Le serpent sans trembler saisit la conjec-
ture,
Et se plonge à l'instant avec vivacité
Dans le sein de la volupté :
A cette douce approche on s'emporte, on
s'oublie,
On est prêt à perdre la vie,
On ne pense plus mais on sent,
Et dans cet effort si puissant
Le serpent se trouva la funeste victime
Des rasoirs échappés, et cet endroit si beau,
Trône de ses plaisirs en devient le tombeau.
Aux cris de l'homme accourt la soubrette
tremblante
Elle emmène l'amant tandis que son amante
Ignorant du serpent les cruels déplaisirs,
Jouit confusément de ses derniers soupirs.
Il fallait tirer le serpent,
Et l'embarras était comment,
Un tire-bourre en fit heureusement l'af-
faire.

L'animal encore furieux,
Ne sortit qu'avec peine écumant de colère,
Quoiqu'il eut les larmes aux yeux,
Sur le lieu de la sépulture,
Il fut question d'opiner ;
La dame paraissait inclinée à le garder,
La servante disait que ce serait folie,
Et que bien n'était de l'embaumer
Tels animaux étant communs en Italie ;
Par la fenêtre enfin elle le fit passer.
Une vieille dévote en allant à l'église ;
Car c'était, m'a-t-on dit , Noël le lende-
    main ;
Trébuche et laisse échapper de sa main
La lanterne qu'elle avait prise.
La nuit étant obscure, autour elle tâtonne,
Sa main tombe sur le serpent,
Pour sa chandelle elle le prend,
Le met dans sa lanterne ; ainsi Dieu n'a-
    bandonne
Ses serviteurs, dit-elle, et sait les secourir.

Elle arrive à l'église et dit les premières,
Ce que par cœur elle sait de prières ;

Mais bientôt à son livre il lui faut recourir:
Elle met sa chandelle ès-mains de sa voisine
Jusqu'en celle du clerc elle parvient enfin;
Il souffle sur la mêche, il se tourmente
en vain,
Pour l'allumer, tant plus il l'examine,
Plus ce qu'il tient lui paraît surprenant;
Mais à la fin comprenant le mystère,
A d'autres, cria-t-il, d'un ton plein de
courroux,
Cette chandelle est faite à s'allumer ch   vous :
Mesdames que chacun fasse son ministè .

J. ROUSSEAU.

VERS A ÉMÉLIE.

—

Pope l'Anglais, ce sage si vanté,
Dans sa morale au Parnasse embellie,
Dit que les biens, les seuls biens de la vie
Sont le repos, l'aisance et la santé.
Il s'est trompé, les plaisirs de Vénus,
Sont les premiers, sans eux, point d
bonheur,
On le ressent aux mouvemens du cœur,
Et l'on est bien à plaindre quand on n
bande plus.

LE PASSE-TEMPS DE MONTROUGE,

ou

LES DISCIPLES DE LOYOLA.

—

Air : *De la pipe de tabac.*

Le cul est une bonne chose,
Rien d'utile comme le cul ;
C'est sur le cul qu'on se repose,
On se rafraîchit par le cul ,
Femme rit quand on lui propose
De lui prendre un instant le cul ,
Et de son cœur si l'on dispose ,
On le doit souvent à son cul.

Au séminaire de Montrouge,
Dieu , comme on s'occupait du cul,
Chacun des jésuites tout rouge ,

Adressait son hommage au cul,
Et se foutant de perdre l'âme,
Chacun en amateur de cul,
Loin de jouer au trou Madame,
Jouait toujours au trou du cul.

Les dévotes ont d'ordinaire
Le con usé mais un beau cul,
Aussi le fin missionnaire
Au con préférait-il le cul,
Enfans de chœur, bedeaux ou suisses,
Au cloître ne rêvent que cul,
Et tous leurs vits ont la jaunisse
A force de frotter le cul.   (bis).

LE VRAI BONHEUR.

—

Air : *Il faut quitter ce que j'adore.* (du Jockei.)

Mainte femme ici bas demande,
Ou la richesse, ou la grandeur,
Moi, je sens que l'homme qui bande
A seul quelques droit sur mon cœur ;
Au foutre les grands de la terre,
Tout homme est égal à mes yeux,
Et celui-là que je préfère
C'est celui qui me fout le mieux.

e foutre est mon bonheur suprême,
ouir est ma première loi,
Et le vit de l'homme que j'aime,
Fut toujours un sceptre pour moi ;
Du ciel avec grand étalage,
On vante le bonheur constant,

Ce bonheur ne vaut pas, je gage,
Celui que je goûte en foutant.

Du Dieu qui gouverne la terre,
Si j'avais un instant les droits,
Je m'en servirais pour me faire
Un vit de chacun de mes doigts ;
Et pour contenter mon envie,
Je voudrais avant de mourir,
Foutre mon sang, foutre ma vie,
Et foutre mon dernier soupir.

Par l'Enfant du Bordel.

CHANSON DE VILLAGE.

—

Air . C'est un enfant.

Uu jour Lucas dans la prairie,
Où son bétail était paissant,
Disait à la jeune Sylvie :
Savez-vous bien, ma belle enfant,
    Ce qu'une Bergère
    En tout temps préfère
A l'argent, à l'or, à l'esprit !
    C'est un gros vit.

Hélène, votre camarade,
Aime les femmes : c'est fort mal ;
Car, croyez-moi, d'une tribade,
Tôt ou tard le sort est fatal.
    Ah ! répond Sylvie,
    Je plains mon amie,

Et je préfère pour outil,
  Un bon gros vit.

Lucas pour ne pas être dupe,
Va se mettre auprès du tendron ;
Lestement relève sa jupe
Et lui met son vit dans le con.
  La belle se pâme,
  Et du fond de l'âme,
Tout en déchargeant elle dit :
  Vive un gros vit.

A. de C.

AMOURS DE FEMME.

(George et Raucourt.)

—

Air : *Il me faudra quitter l'empire.*

Quittons les pompes de théâtre,
Viens dans ce boudoir enchanteur,
De ton sein, de ton corps d'albâtre,
Me faire admirer les douceurs !
— Et toi, tes formes élégantes,
Tes contours purs et gracieux,
M'enivreront, soyons amantes !
Et goûtons le plaisir des cieux.

Que l'homme souverain et maître
Implore un seul de nos plaisirs,
Sans les contenter faisons naître
Les feux, les tourmens des désirs;
Et pour mieux leur porter envie,
Sans soins, sans efforts superflus,

Et de nos levres demi closes
S'échaper le feu de l'amour.

Que notre seule jalousie
Soit à qui jouira le plus.

Femmes qui faites votre idole,
D'un vit d'homme, ah ! quelques instans,
Venez, venez à notre école,
Admirez ce groupe charmant;
Venez voir nos lascives posés,
Remarquer l'élégant contour,
Et de nos lèvres demi-closes
S'échapper le feu de l'amour.

A nos sens, nos cœurs seuls répondent,
Nous éprouvons, de doux émoi,
Bientôt nos âmes se confondent,
Et l'œil s'humecte malgré soi.
Un doux frisson parcourt notre être,
Et nos clitoris agités,
Pour nous seules toujours font naître;
Des jours entiers de volupté.

Z. de ...

ENIGME.

Je suis une plaisante chose,
Qui peut avoir environ
De six à sept pouces de long ;
Je ne sers pas, quand on repose,
Quand je pend, je suis hors d'emploi ;
Dès qu'on veut se servir de moi,
Alors une main féminine
Me prend, me secoue, me badine ;
Puis après le jeu me conduit,
Dans une fente fort humide,
Comme en mon naturel réduit :
Là, j'entre autant que l'on me pousse,
Après mainte et mainte secousses,
Si l'on me retire dehors,
Je suis tout mouillé quand je sors.
C'est par ce plaisant excercice
Qu'au genre humain je rends service,

Mais si par malheur rebuté
Ou trop vainement excité,
On ne peut me mettre en usage ;
C'est alors grand bruit au ménage.
Oh ! vous tous, qui lisez ceci,
Si vous me devinez, vous pouvez sans mys-
tère
Me nommer, car de moi vous vous êtes
servi.

LE SUCEUR.

—

Air : *Verse, verse encore.*

Suce, suce, décalotte,
Suce, suce, mon engin,
Suce, suce, décalotte,
    Ma calotte.
    Calottin.

Le vin est-il préférable
A ce jus plein de douceur,
Et le plaisir de la table
Vaut-il celui d'un suceur.
Ah ! son plaisir est extrême,
Sur terre il se croit aux cieux,
Et le foutre c'est la crême,
Qu'on sert au banquet des dieux.
Ah ! pour calmer l'ardeur qui me dévore,

Suce, suce encore   *(bis.)*
Jusqu'à demain.

Suce, suce, etc.

De pénitentes jolies,
J'ai surpris tous les secrets,
De leur singulière vie
J'ai compris tous les attraits;
A des mots de fouterie,
Répondre par sa vertu,
Et parler philosophie,
Quand on veut parler de cul.
Ah ! pour calmer l'ardeur qui me dévore,
Suce encore
Jusqu'à demain.

Suce, suce, etc.

Suceur, que ta conscience
Du jeu ne s'alarme en rien,
Car nous avons la science
De changer le mal en bien;
Pour nous autres gens d'église,

Grâce à nos pouvoirs secrets,
Les péchés sont, quoi qu'on dise,
Aussitôt remis que faits :
Ah ! pour calmer l'ardeur qui me dévore,
  Suce encore   *(bis.)*
  Jusqu'à demain.

Suce, suce, suce, décalette,
 Suce, suce, mon engin,
 Suce, suce, décalotte,
  Ma calotte,
  Calottin.

Venez donc
fillette et garçon!

PINEZ DONC !

PHILOSOPHIE DE GARCE.

Air : *C'est charmant.*

Pinez donc !
Fillettes et garçons,
   Pinez donc !
Bons et francs lurons,
   Pinez donc !
Trop sages tendrons,
Le foutre, c'est si bon !

Pourquoi s'faire prier,
Pourquoi s'dégoûter,
Parce qu'un con supure,
L'vit supure aussi,
Et je suce un vit,
C'est la loi de la nature !

   Pinez donc, etc.

L'papa, la maman
Surtout vous défend,
De prendre un peu d'jouiss'rie ;
Si les deux coous
N'avaient pas foutus
Seriez-vous là, j'vous prie.

     Pinez donc, etc.

Des prédicateurs,
Fuyez les douceurs,
A la première vue,
Que vous dit la catin,
Qui soir et matin
Se promène dans la rue ?

     Pinez donc !
Fillettes et garçons,
     Pinez donc !
Bons et francs lurons,
     Pinez donc !
Trop sages tendrons
Le foutre est si bon !

JADIS ET AUJOURD'HUI,

ou

LES REGRETS D'UNE MAQUERELLE.

—

Air : *C'était de mon temps.* (Béranger.)

Sur tous les boxons
L'mien avait la préférence,
Les culs et les cons
Étaient retenus d'avance :
Comtes et marquis
Apportaient leurs vits,
Que de foutre aux culs de mes garces,
Ah! chez moi qu'on faisait de farces!
J'avais, nom d'un chien,
Un superbe bousin.

Un amant discret
Chez moi venait-il en passe,

15

Dans l'con d'son objet,
Il dégorgeait sa limace.
Et puis en sortant,
Il payait comptant,
Il payait même la serviette,
Tout, jusqu'à l'eau de la cuvette;
J'avais, nom d'un chien,
Un superbe bousin.

Jadis, pas un con
Ne rapportait à la caisse
Moins d'un ducaton;
Maintenant ils sout à la baisse,
L'miché crasseux
N'est plus généreux,
A pein' s'il paie la chandelle,
J'n'en veux plus, foi de maqu'relle,
Et d'main, nom d'un chien,
Je ferme mon bousin.

Le commerce est mort,
Nous n'avons plus de pratiques;
Qui nous fait du tort?
Ce sont les filles de boutique;

L'soir ell's font un quart,
Sur le boulevard,
Et plus d'une adroite coquine
Me souffle le prix d'une pine ;
Demain, nom d'un chien,
Je ferme mon bousin.

Quand je songe aux frais
Que mon boxon nécessite,
J'crois qu'si ça durait,
Je déclarerais faillite,
Mon pauvre maquereau
Va périr faut' d'eau !
Ah ! faut-il que cet homme aimable
Se trouve aujourd'hui sur le sable.
Demain, nom d'un chien,
Je ferme mon bousin.

FIN.

TABLE.

—

FIN DE LA TABLE.